DISCOURS

PRONONCÉ

PAR M. BÉCHET

Professeur de Seconde

À la distribution des prix aux élèves du Lycée impérial
de la ville de Nîmes, le Samedi 8 août 1863

JEUNES ÉLÈVES,

I —Aucun de vous, j'en ai la conviction, ne
me contredira, si, avec l'autorité que donne
l'expérience, je constate hautement, en présence de vos parents et d'un public si distin-
gué, si choisi, que vous avez besoin de repos. Je suis d'autant plus sûr de me trouver
d'accord avec vous sur ce point que, chez
certains élèves, bien rares, il est vrai, ce
besoin s'est manifesté avant l'heure, et que
ces jeunes impatients, dont le caractère est
de devancer le terme fixé pour toute chose,
excepté, dit-on, pour la rentrée, ont déjà
pris quelques semaines d'à-compte sur les
vacances qui vont s'ouvrir. Dès aujourd'hui,
vous pourrez tous, sans aucun remords,
goûter ce relâche bienfaisant que l'Univer-

sité , en bonne mère, accorde à sa nombreuse famille à la fin de l'année classique.
— Mais ce n'est pas tout que d'avoir des loisirs , il faut encore posséder l'art d'en jouir : pour échapper à l'ennui inséparable de l'inaction , il faut savoir ne rien faire. Et comme l'ouverture des congés ajoute à cette grave question une importance toute particulière, j'assaierai de vous donner, à ce sujet, quelques conseils dont j'espère que vous profiterez.

II — Et d'abord, messieurs, où chercherez-vous, où trouverez-vous ces délassements si bien mérités, si légitimement dus, au jugement de Quintilien et de Rollin , jugement devant lequel vous vous inclinerez sans doute, avec votre respect ordinaire pour de si grands maîtres ! Consultez vos goûts, interrogez votre cœur, et vous ne serez pas embarrassés pour me répondre , et vous répèterez le vœu formulé par Horace, il y a deux mille ans : *O rus, quando ego te adspiciam !*

C'est aux champs, en effet, que nous appellent nos instincts ; c'est après les champs que nous soupirons tous quand la fatigue nous accable. Et voyez comme ce besoin est naturel , comme il a été senti par tous les hommes et à toutes les époques. Que fait Virgile pour se distraire et se consoler des horreurs de la guerre civile qui ensanglante l'empire romain ? Il chante les bergers couchés à l'ombre d'un hêtre, tandis que le grand César, la foudre en main, parcourt en vainqueur les bords de l'Euphrate (1). Rappelez-vous avec quel amour Pline vante le calme heureux de sa campagne de Laurentum, où il voit fleurir à la fois la paix et l'honnêteté des anciens âges (2). Il me serait facile, en vous citant une foule d'autres écrivains, d'arriver sans transition brusque jusqu'au grave Boileau, qui, à l'exemple de Regnier, prenant les vers à la pipée, poursuivait au coin d'un bois la rime capricieuse. Sans doute Boileau devait avoir un air assez solennel et un peu emprunté en amorçant méthodiquement à Hautile le poisson trop avide (3). Mais son épitre à Lamoignon nous prouve que dans le siècle le plus épris des beautés de l'art et le moins sensible aux œuvres de Dieu, il y avait encore des âmes capables d'aimer les plaisirs de la campagne.

Prenez donc, vous aussi, prenez la clé des champs, et secouant la poussière de la ville, fuyez, fuyez bien loin, à une distance telle que le bruit des machines ne puisse plus parvenir jusqu'à vous. Gravissez vos garrigues désolées et sauvages, avec leurs rochers nus et calcinés, leurs touffes de thym et de lavande, dont le parfum pénétrant s'échappe à flots sous les pieds du promeneur, leurs

(1) Virg., *Géorg.*, IV, 558.
(2) Pline le Jeune, *Lettres*, 1, 9.
(3) Boileau, épit. VI.

bouquets de chênes verts, pauvres orphelins qui n'ont pas même connu leurs mères, ces antiques yeuses de la cîme desquelles la corneille autrefois rendait ses oracles (1). Arrivés là-haut, vous n'avez plus qu'à ouvrir les yeux. Considérez ce vaste horizon qu'inonde au loin une lumière tantôt claire et limpide, tantôt empourprée d'une belle nuance rose. Vous avez devant vous un ciel semblable à celui de la Grèce. La pureté inaltérable de son azur et son atmosphère transparent permettent à la vue de s'étendre à l'infini, d'étudier en détail l'architecture hardie des montagnes lointaines, avec leurs lignes abruptes et si nettement détachées. Tantôt elles sont parées de leur blanche couronne de neige qui scintille au soleil, tantôt chargées de sombres nuages d'où s'échappent les torrents qui sillonnent leurs flancs décharnés ; tantôt elles montrent leur vieux front chauve au dessus de la plaine, et regardent tristement les fleurs qui roulent à leurs pieds, et les siècles qui s'écoulent aussi vite que les fleuves.

On raconte que Voltaire, charmé par l'admirable peinture du lever du soleil que venait de tracer Rousseau, voulut s'assurer par lui-même si le spectacle était aussi beau dans la réalité que dans la description. Le philosophe, malgré son âge de 81 ans, se lève à trois heures du matin. Accompagné

______

(1) Virg., *Géor.*, I, 18.

de quelques amis, il s'en va bravement, une lanterne à la main, au devant du soleil. Après une marche pénible sur la pente escarpée du Jura, il arrive au sommet de la montagne, regarde, se découvre et se prosterne (1). N'attendez pas si longtemps que lui, messieurs : d'abord personne ne peut compter atteindre à l'âge du patriarche de Ferney ; et , en supposant même qu'un savant contemporain perfectionnât son système sur l'art de vivre longtemps , vous ne serez pas sûrs d'être assez ingambes , à 81 ans, pour accomplir ce pélerinage matinal, même avec une lanterne.

Mais si de telles scènes vous paraissent d'abord trop sublimes, si votre esprit étonné succombe sous l'impression de tant de grandeur , abaissez vos regards , et portez votre attention sur de plus humbles objets. Asseyez-vous tranquillement

> Au bord d'une prairie, où la fraîche rosée
> Incline au vent du soir la bruyère arrosée (2),

et admirez la

> Pâle étoile du soir, messagère lointaine,
> Dont le front sort brillant des voiles du couchant,
> Dans son palais d'azur, au sein du firmament (3),

ou la sombre forêt qui dort immobile au flanc de la colline ou gémit sous l'étreinte

(1) *Mém. de Fleury* , de la Com. Franç. , ch. XIII.
(2) Alf. de Musset, le *Saule*.
(3)   Id.

de l'aquilon. Vous aimerez à reposer vos yeux sur ces grands rideaux d'arbres aux formes fantastiques, dont le feuillage argenté, frissonnant au moindre souffle, tantôt vous cache le disque d'or du soleil, tantôt laisse pénétrer çà et là mille rayons folâtres qui se jouent au travers des rameaux. Plus loin, vous vous arrêterez devant un modeste buisson revêtu de sa robe verte, décorée de blancs panaches ou de grappes de fruits rouges que Dieu fait mûrir pour le déjeuner de ses fauvettes. Ici, vous vous plairez à suivre les ondulations d'un champ d'épis fuyant devant la brise, au milieu desquels le coquelicot balance gracieusement sa pourpre, comme un consul au milieu des tribus réunies au forum.

En présence de si deux tableaux, vous reprendrez le calme de l'esprit et du cœur, et, si vous venez jamais à faire le triste apprentissage de la souffrance, vous trouverez le long des haies en fleurs l'oubli de vos maux, l'oubli qui est pour quelques-uns ici-bas un des éléments du bonheur. C'est ainsi que Polyphème, assis au sommet d'un rocher, assoupissait ses douleurs, en laissant s'égarer au loin sur la mer de Sicile cet œil unique que le fourbe Ulysse devait lui crever (1). C'est aussi sans doute ce qu'ont voulu nous enseigner les anciens, en nous disant que les âmes des héros, avant d'entrer dans le sé-

____

(1) Théocrite, idylle IV, 17.

jour de la félicité, s'abreuvaient à longs traits dans les eaux du Léthé (1). Au milieu des bruyères embaumées, vous sentirez des émotions nouvelles, des jouissances pures et exemptes de mécompte. Vous croirez assister à la création, vous éprouverez des étonnements, des ravissements sans fin, vous concevrez aisément qu'Apollon chassé du ciel n'ait pas choisi d'autre séjour que les bords verdoyants de l'Amphryse et n'ait pas regretté l'Olympe ; car l'histoire ne dit point qu'il l'ait jamais regretté D'ailleurs personne ne s'ennuie aux champs, ni les dieux en disgrace, ni les poètes rêveurs, ni l'oiseau gazouillant sur sa branche d'aubépine, ni l'insecte bourdonnant autour des blanches aigrettes de l'asphodèle épanouie.

Formés à cette école de la nature, véritable école buissonnière, vous arriverez bientôt à mieux goûter ces auteurs que vous venez d'expliquer et dont vous emporterez le souvenir vivant avec vous. Eux aussi, de leur côté, vous initieront à l'intelligence de leurs fraîches peintures ; ils achèveront en plein air votre éducation qu'ils ont commencée dans l'étroite enceinte de la classe. Théocrite et Virgile vous apprendront à écouter la voix mélodieuse des pins (2), le bourdonnement d'une armée industrieuse d'abeilles volant à la conquête des fleurs ou rentrant

(1) Virg., *En.*, VI, 715.
(2) Virg., *Egl.*, VIII, 22 ; Théoc., idyl. I, 1.

au logis avec leur butin parfumé (1). En faisant naître en vous de douces sensations, ils vous livreront le secret de leur style enchanteur. En parcourant vos paysages avec eux, vous sentirez un nouveau sens s'épanouir dans votre âme. Dans la société des poètes, et placés comme eux à la source de toute poésie, vous deviendrez poètes vous-mêmes, et un jour, peut-être, votre nom figurera honorablement à côté de tant de noms illustres de votre pays.

Et voyez combien est puissante cette force inspiratrice des champs. Elle seule a suffi pour faire de Rousseau un écrivain immortel. Rousseau, bannissant d'une littérature épuisée la froide mythologie et l'afféterie non moins froide de son siècle, y a ramené l'haleine du printemps et les arômes des forêts. Dès lors tout se ranime, tout reverdit en elle. Vivifiée par les âcres senteurs des montagnes, elle reprend une vigueur nouvelle, la fraîcheur et le coloris de la jeunesse. Elle se crée un langage encore inconnu; elle a des accents qui partent du cœur et qui parlent au cœur. Les œuvres de Rousseau font éclore après lui un essaim de rhapsodes inspirés, et il devient le père d'une postérité harmonieuse. Et comment a-t-il accompli ce prodige ? En cueillant la pervenche aux Charmettes, en écoutant à Genève le gazouillement de l'hirondelle. Ce chant

(1) Virg., *Eg.*, 1, 54.

de l'hirondelle, perdu depuis tant de siècles, et qu'il nous a rendu deux mille ans après Virgile, est assurément son chef-d'œuvre en musique.

L'inspiration poétique, ou la muse, n'habite donc pas seulement les lisières du Pinde et de l'Hémus, mais elle voltige partout de son aile légère, partout où verdoie un bosquet, où brille une touffe de genêt au manteau d'or, où serpente un filet d'eau pour désaltérer la fleur ou l'oiseau du buisson. Théocrite l'a retrouvée dans les vallons de l'Etna, Virgile sous les hêtres de Parthénope, Pétrarque tout près d'ici, à Vaucluse ; Rousseau à l'Ermitage, Bernardin de Saint-Pierre sous ses tonnelles de clématite, Lamartine à Milly, et vous, vous la retrouverez sur vos garrigues, sur les bords pittoresques du Gardon. Vous comprenez pourquoi les Grecs, dans leurs ingénieuses allégories, avaient consacré et peuplé de divins hôtes les sombres forêts, les sources couvertes de mousse, les broussailles balsamiques. Ils avaient reconnu qu'une divinité ne pouvait choisir de plus beaux endroits pour y fixer sa demeure, ni le rossignol pour y chanter, ni l'églantine pour y fleurir, ni le rêveur pour y rêver.

III -- Sans doute, vous ne reverrez pas sur vos collines toutes les déesses champêtres que l'imagination des anciens y avait multipliées à l'infini : elles ont disparu avec les vieux chênes devant la cognée du défricheur ; mais vous y rencontrerez des habitants plus réels et non moins poétiques , car Dieu a versé partout la vie à grands flots ; partout, sous son souffle créateur, les existences jaillissent et débordent en effluves vivantes , et les êtres, s'élançant gaîment du sein fécond de la nature, prennent possession de leur séjour enchanté.

Assurément, il nous manque bien des espèces d'animaux. La plupart ont émigré. Ils ont fui un pays inhospitalier où il ne leur restait pas un arbre pour abriter leur tête. Ils sont partis pour un lointain exil, en jetant en arrière un regard de tristesse et de regret sur la patrie de leurs ancêtres. D'autres se sont laissés mourir, et ont préféré, comme Caton , un trépas héroïque à un honteux esclavage. Mais nous en avons encore quelques-uns, trop peu , hélas ! qui font l'ornement et la joie de nos sillons Nous possédons encore quelques échantillons du type le plus gracieux de la création. Certaines espèces d'oiseaux osent encore s'arrêter chez nous pour y passer leur saison d'été , et, malgré tous nos torts envers eux , daignent nous faire entendre leurs gais refrains.

Ne craignez pas de jeter les yeux sur de plus petites créatures ; car tout est beau , tout est grand dans l'œuvre de Dieu. Avec l'oiseau, il a créé l'insecte. Que de sujets d'admiration dans ces deux ordres d'ani-

maux, quel luxe de parure ! A côté des pauvres familles de prolétaires dont le costume
est des plus modestes, vous voyez de grands
seigneurs dont les habits sont dorés sur
toutes les coutures. La pourpre tyrienne,
l'azur céleste y rivalisent d'éclat avec l'éme-
raude et la topaze. La nature a réuni, accu-
mulé sur leur mantille, toutes les nuances,
tous les feux des pierres les plus fines. Ce
sont là ses bijoux vivants. Et si l'on a dit
avec raison que Salomon dans toute sa gloire
n'avait jamais été vêtu comme un lis des
champs, nous pouvons dire aussi que jamais
odalisque rêvée par un poète oriental n'a
été si richement parée que le colibri ou la
cicindèle.

Mais ne vous arrêtez pas à l'extérieur, car
l'habit ne fait ni l'oiseau ni l'insecte. Ces
deux classes de créatures se recommandent
à vous par des mérites plus sérieux. Exami-
nez les instruments de toute espèce que leur
a forgés le créateur pour les mettre à même
d'exécuter ses desseins et de gagner leur
pain quotidien. Les uns ont des pioches
pour labourer la terre, des tarières ou des
dents aiguës pour creuser les bois et les mé-
taux (1). Les autres sont munis de dards et
de pinces acérées. Ceux ci avec des faux
tranchantes font leur moisson avant le labou-
reur ; ceux-là ont des scies d'une trempe
sans pareille avec lesquelles ils abattent nos

____

(1) Uropriste qui perçait les balles en Crimée.

forêts. Un grand nombre ont reçu du ciel la mission de détruire les espèces nuisibles. Ces guerriers ont des cuirasses métalliques, des armes admirables, des ruses étonnantes, et surtout grand appétit. Les uns poursuivent leurs ennemis et les nôtres au haut des airs, d'autres à la surface du sol, ceux-ci dans les entrailles de la terre, ceux-là au fond des eaux. Dieu a marqué à chacun sa proie, il a préparé un mets pour chaque convive qu'il appelle au banquet de la vie.

Et quelles merveilleuses industries dans les deux groupes ! c'est là qu'il faut chercher les vrais inventeurs des arts. L'homme n'a fait que les copier. C'est aux oiseaux et aux insectes que reviennent de droit nos brevets d'inventions. Vous voyez parmi eux des pêcheurs, des vanniers, des tisserands, des cartonniers, des architectes, des ébénistes qui exercent honnêtement leurs métiers sans être astreints à payer patente. S'il prenait envie à ces habiles artisans d'ouvrir une exposition à Coccygie ou à Entomopolis, nos instruments les plus compliqués, nos tissus les plus fins, nos meubles les plus précieux que vous avez pu admirer sur l'Esplanade de Nîmes ne pourraient soutenir la concurrence, et nos fabricants seraient obligés d'avouer leur défaite. Du reste, il ne faudrait pas s'en étonner, puisque, à une certaine époque, une puissante déesse fut vaincue par une humble tapissière du nom d'Arachné.

Je n'ai rien dit des arts d'agrément ; mais, sur ce point encore, nous ne pouvons lutter, nous pouvons tout au plus imiter. Ce n'est pas l'homme qui a inventé la musique , et Lucrèce le déclare formellement (1). Il s'est essayé d'abord à reprodnire les accents des oiseaux , et, peu à peu enhardi par le succès, il a modulé des airs sur le pipeau champêtre ; puis , après plusieurs siècles de tentatives , il a imaginé l'orgue , le piano at enfin le sax-horn. Mais il a beau faire , jamais il n'atteindra à la perfection de ses maîtres qu'il semble aujourd'hui méconnaître et dédaigner. Pour vous convaincre de l'infériorité de l'homme en musique, allez au bord d'une forêt au moment où tous les musiciens de la plaine prennent leurs instruments pour célébrer les louanges de Dieu ; écoutez l'alouette filant son joyeux couplet au haut des nues , le grillon pinçant de sa viole sur la tige flexible d'une graminée , la cétoine dorée jouant de sa contre-basse autour d'un lilas en fleur. A ce propros , l'histoire raconte qu'un moine moinant le long d'une haie , et entendant fredonner un merle , oublia l'heure de dîner ; ce qui , de mémoire de moine , ne s'était jamais vu au couvent.

Faites donc connaissance avec des populations si intéressantes. Vous avez tout à y gagner. Ces hôtes des champs charmeront

(1) Lucrèce , *de Rerum nat.*, liv. v, v. 1378.

vos ennuis avec leurs chansons. Ils vous donneront l'exemple d'une foule de vertus, de l'affection filiale, de l'oubli des injures, du courage contre les méchants, de l'obéissance aux lois , ainsi les oiseaux et certaines espèces d'insectes sont presque les seuls citoyens de l'empire qui exécutent les arrêtés de préfecture sur l'écheuillage. En outre , ils vous initieront à la connaissance de leur doux langage. Il vous faudra sans doute un peu de temps pour comprendre leur idiôme aussi facilement que certain philosophe indien (1) dont il est question dans Gil-Blas ; vous n'arriverez pas sans efforts à traduire littéralement les entretiens de Bulbul et de la rose , mais je suis convaincu qu'avec votre persévérance vous y réussirez. Ils vous enseigneront aussi le respect des anciens usages , la fidélité aux vieilles traditions. Il n'est pas d'exemple , en effet, qu'un oiseau ou un insecte se soit avisé de modifier la coupe de l'habit paternel. Chez eux tout est stable . les modes , les institutions , les méthodes d'enseignement. Savez-vous , par exemple , pourquoi les oiseaux chantent si bien ? C'est qu'ils répètent de père en fils les mêmes ariettes : or, comme le dit Bossuet des Égyptiens, « on fait mieux ce qu'on a toujours vu faire , et à quoi on s'est uniquement exercé depuis son enfance (2). »

(3) Lesage, *Gil-Blas.*
(1) Bossuet, *Histoire universelle*, 3ᵉ part., ch. III.

Aussi les rossignols de Romainville ont-ils atteint la perfection en musique ; ils remportent tous les prix dans les concours publics , depuis que le geai n'y donne plus son suffrage (1) , et n'ont pas besoin de changer de solfége tous les cent ans.

Et ne croyez pas que pour étudier les mœurs de ces populations si peu connues , il faille entreprendre de longs voyages, et errer , comme Ulysse, pendant dix ans loin de sa patrie. Non, il n'est pas nécessaire pour cela d'avoir beaucoup de loisirs ni beaucoup d'argent. Sans sortir de chez vous, vous pouvez vous rencontrer face à face avec des gens plus singuliers que les lestrygons et les cyclopes. Il suffit que vous ayez un rosier sur votre fenêtre , il suffit qu'en mettant le pied hors de la maison vous vous asseyiez à l'ombre d'un arbre , auprès d'une touffe de jasmin. Là vous trouverez des animaux non seulement autochthones, mais encore venus de tous les coins du monde : vous verrez des coléoptères, compatriotes de Sésostris , que l'amour des aventures a poussés en Europe; car il y a aussi parmi eux des caractères inquiets, ennemis du repos, avides de nouveautés, qui ne sont bien que là où ils ne sont pas , et , comme les Livingston et les Barth, rêvent toujours la découverte d'un pays inconnu. Quelques-uns , moins craintifs que les Aztèques, se sont bravement embarqués

____

(1) Florian, *Fables*, liv. IV, 9.

sur les vaisseaux de Cortez ; ceux-là ont pris passage sur la flotte de Pizarre, et ont quitté le Pérou pour l'Espagne depuis plus de trois siècles. D'autres ne voyant pas revenir les premiers explorateurs, ont supposé qu'ils faisaient fortune en Occident, et, sur cette hypothèse, se sont à leur tour glissés dans la cale des premiers navires qui ont entrepris cette traversée lointaine. Ainsi, pendant que les conquérants européens allaient, par le droit du canon, s'emparer des villes du nouveau monde, des conquérants américains, par voie de représailles, venaient s'emparer par surprise des villes et des plantes de nos climats. — C'est ainsi que plusieurs riches cités de nos côtes ont été envahies par des armées invisibles qui en minent toutes les constructions (1). C'est ainsi que de plus petits animaux (2) ont pris d'assaut nos arbres fruitiers, qu'ils traitent depuis longtemps en arbres conquis. Voilà comment, au XVIIe siècle, nos provinces de l'Ouest furent visitées par un papillon monstrueux venu d'Amérique en Italie avec la pomme de terre, et dont les proportions gigantesques et les tatouages bizarres, empruntés à quelque tribu des grands lacs, portaient l'épouvante dans l'âme naïve des crédules Bretons (3). On a même vu des végé-

(1) Termites originaires d'Amérique, d'Afrique et d'Asie.
(2) *Lachnus laniger*, introduit en 1787.
(3) *Sphinx atropos*, Mémoires de Réaumur.

taux assez hardis pour s'accrocher à la poupe d'un navire et venir prendre possession de nos rivières et de nos champs (1). Quelques-uns de ces étrangers ont déjà chez nous leurs droits de bourgeoisie, et les savants leur ont délivré des lettres de naturalisation. Bientôt, grâce à la suppression des passeports, animaux et plantes arriveront en foule dans nos contrées, et l'histoire naturelle aura la gloire d'avoir, la première, réalisé l'utopie toute chrétienne de la fraternité universelle.

Sans doute, il y aurait beaucoup à dire sur plusieurs de ces nouveaux venus. Si quelques-uns ont accru nos richesses agricoles et industrielle, d'autres ont prélevé sur nous un impôt très onéreux. Mais pouvons-nous raisonnablement nous plaindre ! Nous envoyons aussi au dehors des colonies dont les autres pays n'ont pas non plus à se féliciter. Nous leur expédions des romans, des voleurs et des meurtriers, et nous ne devons pas nous étonner que l'Amérique nous envoie en échange les plus pervers de ses insectes et de ses végétaux.

IV. — Il m'est impossible d'épuiser un sujet inépuisable comme la création Pour finir, je vais essayer de vous indiquer encore quelques-uns des avantages de mon système d'a-

(6) Cuscute, *anacharis canadensis*, qui aujourd'hui entrave la navigation dans la Tamise.

musements. Outre le repos du corps et de l'âme, outre le plaisir si vif de la curiosité satisfaite, il vous aidera à étendre le cercle de vos connaissances, à développer toutes vos facultés, en vous habituant peu à peu à observer, à comparer, à généraliser, à classer les résultats de vos observations. Vous vous mettrez ainsi en état d'aborder plus tard les grands problèmes qui préoccupent aujourd'hui la science. Vous pourrez rendre d'importants services à l'agriculture, en découvrant le secret de combattre et de vaincre ses ennemis les plus terribles; à l'industrie, en lui donnant un produit inconnu; à la botanique et à la poésie, en trouvant une fleur nouvelle. Je vous signalerai, pour terminer, un avantage encore plus précieux. En examinant l'œuvre divine, vous vous rapprocherez davantage de la divinité ; vous reconnaîtrez combien est vraie cette pensée d'un écrivain dont on a dit que le génie était aussi vaste que la nature : « La nature est le trône extérieur de la magnificence divine ; l'homme qui la contemple, qui l'étudie, s'élève par degrés au trône intérieur de la toute-puissance. »

Nimes. — Typ. Clavel-Ballivet et Cᵉ, rue Pradier, 12.